PHILIPPIQUE

DANS LA CAUSE

DE LOUIS XVI,

DEVANT

LES CITOYENS FRANÇAIS.

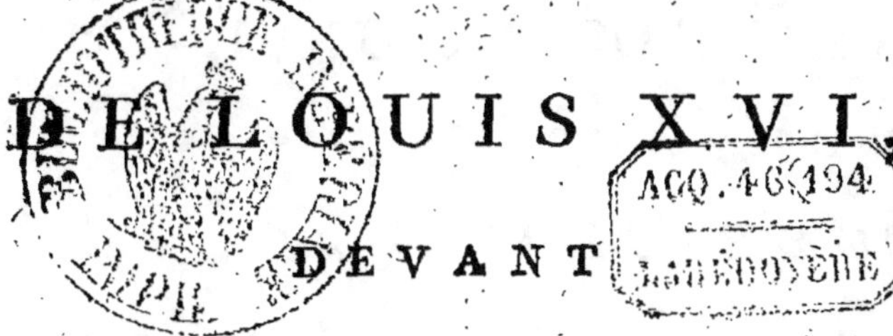

Est ità inusitatum Regem capitis reum esse,
ut antè hoc tempus non sit auditum.

Cic. pro Rege Dejotaro.

A PARIS,

Chez les marchands de nouveautés.

1793.

PHILIPPIQUE

DANS LA CAUSE DE LOUIS XVI,

DEVANT

LES CITOYENS FRANÇAIS.

CITOYENS,

C'est devant vous, que la cause de *Louis XVI* doit être portée. Si je respecte dans vos représentans la qualité de législateurs que vous leur avez donnée, je ne saurais y reconnaître celle de juges, que vous vous êtes bien gardés de leur déférer. Le réunion des deux pouvoirs serait tyrannique, et vous avez proscrit toute tyrannie, quelque fût la main qui osât l'exercer.

Vous avez pensé, à l'exemple d'une Nation voisine, célèbre par la sagesse de ses loix, que ce qui garantit votre liberté, était votre propriété, dont il était important de ne pas vous désaisir. C'est le *jugement par juré*, que vous avez naturalisé en France, avec la liberté dont il est inséparable. Vous n'avez pas voulu que

A 2

des mandataires à qui vous avez délégué le pouvoir de faire des loix , eussent aussi celui de les appliquer ; vous n'avez pas voulu que vos représentans ne connussent d'autres règles de décision que leur volonté et leur bon plaisir ; ni que des hommes, quelque fût votre présomption en leur faveur, pussent être en même tems juges et parties : en un mot, vous n'avez pas entendu créer un pouvoir arbitraire.

C'est donc à vous seuls, Citoyens, que la cause de *Louis XVI* appartient, puisque c'est devant vous qu'il a été accusé par vos représentans.

Si, d'un côté, dans une cause de la nature de celle-ci, l'ame est tellement émue, qu'elle s'élève par des élans involontaires à une hauteur d'où elle considère toutes ses difficultés avec une sorte de dédain ; d'un autre, tous mes sens ont été frappés de terreur, à la vue d'un homme précipité du haut d'un trône, que huit siècles de gloire semblaient avoir rendu inébranlable , dans l'obscurité d'une prison ; et cette terreur a en quelque sorte comprimé les ressorts qu'une forte émotion avait donnés à mes facultés.

Il s'agit de la vie et de la fortune d'un Roi ! Chose tellement neuve dans les annales du genre humain , que , fût-il question de votre propre salut, Citoyens , on serait excusable d'en tenter la défense. Tout ce qui tient du prodige doit donner de la méfiance ; et plus une vie est illustre, plus la fable est à craindre. Le vulgaire n'y voit que du merveilleux , soit dans le crime , soit dans la vertu ; c'est un tableau qui, pour être apprécié, ne doit pas être regardé de trop près.

Mon inquiétude redouble , lorsque je rappelle à ma mémoire les acclamations et les bénédictions de tout le Peuple Français , qui ont entouré *Louis XVI* , je ne dis pas dans ce jour de pompe, où il fit avec lui ce pacte solemnel d'alliance qui devait être le gage de leur commune félicité, mais dans tout le cours des premières années de son règne. Lorsque je me souviens que tout retentissait alors des marques d'affection de sa part, et des cris d'allégresse et de reconnaissance de la part du peuple ; que les organes des loix le citaient comme un modèle , et qu'il faille aujourd'hui le défendre contre des accusations atroces , ou trouver dans lui un tyran , j'avoue, Citoyens , que cette alternative a de quoi effrayer l'ame la plus courageuse.

A 3

Je ne sais ce qui doit troubler davantage, de la cruauté ou de l'indignité de ses accusateurs. Les uns, altérés, depuis trois ans, de sang et de carnage, croyent pouvoir expier dans le sien la cause de leurs crimes, et étouffer des remords qui les importunent, en chargeant sa tête de la fureur qui les a produits ; les autres, chargés de ses bienfaits ou de ses dépouilles, regardent sa mort comme le terme de leur reconnaissance ou le gage de leur impunité ; d'autres enfin, tourmentés par la crainte de devenir les victimes de celle qu'ils ont désignée, si elle leur échappe, espèrent retarder du moins, s'ils ne peuvent détourner le jour des vengeances.

J'ai un autre motif d'inquiétude, Citoyens, sur lequel cependant votre caractère me rassure : c'est qu'il est dur, il est en quelque sorte injuste de défendre à votre propre tribunal un homme qu'on accuse en votre nom, d'avoir conspiré contre vous. Il n'est presque personne qui, juge lui-même du danger qu'il a couru, ne soit disposé à en rejetter la cause sur l'accusé. Lorsqu'il y a un coupable, ce n'est pas l'accusateur qui veut l'être.

Mais je consulte votre caractère ; et je me persuade que vous serez beaucoup moins occupés du jugement que vous porterez sur *Louis XVI*, que de celui que le monde entier et la postérité porteront sur vous-mêmes.

Que ne puis-je, Citoyens, monter sur une tribune, entourée de tout le Peuple Français ! Quelle confiance ce concours m'inspirerait ! Quel est le citoyen qui refusât, non sa pitié, mais son intérêt, à une tête que la Nation avait couronnée, et que l'aveugle fortune a prosternée à ses pieds ! Je promenerais mes regards sur les magistrats, sur toutes les classes du peuple ; j'invoquerais le ciel, et l'appellerais en témoignage sur les bienfaisantes intentions, long-tems manifestées, souvent éprouvées, de *Louis XVI*.

Avant d'en venir à l'accusation elle-même, voyons quelles sont les espérances des accusateurs.

Ils savent, Citoyens, que l'on vous a irrités contre *Louis XVI* ; et ils ont pensé que des fictions et des suppositions de crimes trouveraient un accès facile dans des ames ulcérées.

Délivrez-nous d'abord de ce phantôme, Citoyens ; et manifestez des sentimens de clémence, qui écartent tout soupçon de colère. Votre cœur, naturellement bon, pardonne facilement, lorsqu'on s'adresse directement à lui: Prenez votre caractère: je vous en conjure par cette main que vous avez levée vers le ciel, pour jurer d'être fidèles à l'éternelle loi de la nature ; par ces armes, que vous n'avez prises que pour le salut de la patrie ; par vos ancêtres, qui ont attaché leur fortune à celle de la lignée qu'ils ont placée sur le trône ; par votre postérité, qui vous jugera aussi sévèrement que vous jugez vos pères. Vous n'êtes pas inexorables ; et tel est votre caractère, que, lorsqu'une fois votre cœur s'est ouvert au doux sentiment de la miséricorde, il n'y reste plus de place au ressentiment.

Vos querelles avec *Louis XVI* sont connues de l'univers ; jamais vous n'avez vu en lui un ennemi : vous ne lui avez reproché que de n'être pas assez votre ami ; et lui de son côté, s'il vous a offensés par erreur, jamais il ne l'a fait par un sentiment de haîne.

Mais n'avez-vous pas vous-mêmes partagé son erreur ? S'il s'est trompé sur le sens de la constitution, que vous aviez acceptée comme lui, n'avez-vous pas reconnu que cette constitution est elle-même vicieuse ?

S'il s'est évadé d'un lieu, où des hommes acharnés à distiller lentement sur ses jours et ceux de sa famille, la coupe de l'amertume, lui enlevaient toutes les consolations de la vie, ne doit-on rien donner à l'homme, rien pardonner au dégoût ? Ah ! Citoyens, qu'est-ce qu'un trône environné d'insultes ? Souffre-t-on moins à recevoir la torture sur un lit de pourpre ? Cependant *Louis*, en quittant le lieu de ses humiliations, ne vous a pas désertés ; il vous indiquait un lieu, dans les limites du territoire français, où vous le trouveriez toujours disposé à coopérer à votre bien être, pourvû que vous voulussiez entourer son autorité de cette considération sans laquelle toute autorité est nulle.

Lorsqu'ensuite la rumeur d'une coalition de puissances étrangères circulait en Europe, savait-il mieux que vous l'objet et le but de cette ligue, qu'on pouvait raisonnablement croire éphemère alors, et comminatoire seulement ? A-t-il hésité de faire à ses frères les monitions les plus sérieuses, de souscrire même à leur proscription, dès que les soupçons de leurs intellingences avec des ennemis présumés, eurent acquis de la consistence , et de prévenir leurs entreprises par une déclaration de guerre formelle ? S'il est indubitable que les rois n'ont été établis que pour l'intérêt des peuples , quel roi a jamais mieux rempli , que *Louis XVI*, la tâche la plus difficile de la royauté , celle de sacrifier à ses devoirs jusqu'aux sentimens de la nature ? La possibilité d'une pareille épreuve est peut-être un anathême contre la plus élevée des conditions , parce qu'elle est une injure pour la nature.

Cependant quelle a été la récompense de cet effort , que l'humble berger ne voudrait pas tenter ? des opprobres et des outrages. Les insultes qu'on faisait à *Louis XVI* avec insolence jusques dans son asyle , les a-t-il repoussées avec vivacité ? S'est-t-il irrité de l'outrage ajouté à l'insulte ? Les traitemens les plus humilians qui l'exposaient au mépris et à la moquerie , lui ont-ils arraché une seule menace ? Il n'a songé à sa défense , que lorsque sa longanimité a été poussée à bout par la violence.

Citoyens ! qui d'entre vous ne songerait pas à sa défense , lorsque des avis , fortifiés par une longue suite d'insultes et de menaces précédentes , lui auraient donné la certitude d'être attaqué dans sa demeure, et d'y voir entrer, avec la mort, le désespoir de sa famille ?

Une pareille défense est-elle une aggression ? Droit de la nature, qu'êtes-vous donc devenu ? Ou bien les rois sont-ils exceptés de votre faveur ? La défense de soi-même est donc un crime pour eux ! car c'est celui qu'on reproche à *Louis.* A-t-il attaqué, s'est-il défendu ? Qui a été l'aggresseur ? C'est un fait qui n'a jamais été éclairci ; il est pourtant décisif : et dans le doute, l'éffusion du sang retombe sur *Louis.*

Justice éternelle, montre-nous ta balance, et que la France ne soit pas condamnée à en être rejettée !

La preuve de l'aggression n'étant ni faite, ni peut-être possible à faire, c'est à des présomptions qu'il faut en venir ; et parmi elles il s'en trouve qui découlent d'une liaison si intime entre des faits certains, et ceux dont on cherche la vérité, qu'elles ne laissent point à l'esprit humain la liberté de les combattre ou de résister à leur évidence.

La méchanceté peut se présumer par des actes antécédens ; mais la démence ne se présume point. La méchanceté raisonne, car on est méchant de sang froid ; on desire le malheur de ses semblables, et on en jouit. La méchanceté est donc toujours accompagnée de combinaisons profondes.

Mais, je le demande, quelles pouvaient être les combinaisons du plan d'aggression qu'on suppose à *Louis XVI*, dans la journée du 10 août? Quel succès pouvait-il s'en promettre? Un palais accessible de toute part, dont les portes, sans défense extérieure, n'eussent point résisté à la hache, situé à l'extrémité d'une ville immense qui avait la force armée à sa disposition, pouvait-il offrir une retraite à des troupes qui se fussent exposées à des sorties hostiles? L'espoir d'exterminer les assaillans, dés fenêtres même de ce lieu si peu propre à soutenir un siége, pouvait-il entrer dans une tête saine? Des torches n'eussent-elles pas suffi pour le réduire en poudre avec ses défenseurs?

Ainsi, sous tous les rapports, le plan d'une aggression eût été un acte de demence, et de la part de celui qui l'aurait conçu, et de la part de ceux qui se fussent dévoués à son exécution. On ne peut donc supposer à *Louis* qu'un plan de défense ; et certes, il y était autorisé, non-seulement par la loi de la nature, mais encore par la loi positive qui enjoignait à toute autorité constituée de repousser la force par la force. Sans doute il existait un plan d'aggression ; mais que le maire de Paris, cette idole momentanée du peuple, s'explique : qu'il vous dise, Citoyens, de quelle part cette aggression, préparée depuis long-tems, devait s'effectuer ? Quel avait été le motif de l'ordre donné pour l'arrivée des détachemens éloignés du régiment des gardes-suisses ? de celui qu'il réitéra dans la nuit, de repousser la force par la force ! Ce maire est ici un témoin nécessaire ; vous avez droit de le faire parler, Citoyens ; qu'il parle donc ! Peut-il exister le plus léger doute sur un plan d'attaque extérieure du palais des Tuileries, lorsqu'on se rappelle que, bien avant l'arrivée des assaillans, ceux qui l'avaient préparé, ont fait faire main basse sur le commandant de la garde nationale, dont la tête fut promenée sur la terrasse ?

Que fait cependant *Louis ?* Dès qu'il voit que le combat s'engage, soit qu'il crut qu'il en eût fait assez pour sa défense personnelle, soit qu'il fût dans l'erreur sur toute l'étendue des desseins de ceux qui venaient l'assaillir, il se transporte dans le sein de l'assemblée nationale, pour la rendre dépositaire, et de ses griefs, et de ses alarmes. Est-ce là la conduite d'un ennemi aggresseur ? Ou il faut que vous le supposiez avoir été en démence, ou vous ne pouvez lui supposer des intentions hostiles. Quelle eût été sa fureur, de vouloir attaquer avec une poignée de monde une grande Nation qui avait déjà conquis sa liberté ; son ingratitude, de s'ériger en tyran du peuple qui l'appellait encore son roi ; sa cruauté, d'exposer sa compagne, son fils chéri, sa fille innocente, à tomber dans un abyme d'infortunes ! Vous connaissez, Citoyens, l'austérité de ses mœurs privées, sa constance dans l'adversité comme dans la prospérité ; et des crimes, dont la simple prudeuce eût détourné un scélérat, vous pourriez les supposer à *Louis*, dont la vie est marquée par des actes éclatans d'humanité ! Vous pourriez lui supposer la barbare politique de ces Grecs, qui disaient en proverbe : « périssent nos amis, pourvû que nos ennemis soient enveloppés dans la défaite !

Je ne crains plus qu'une chose, Citoyens, c'est que vous ne soupçonniez *Louis XVI* d'avoir conservé un secret ressentiment des bornes dans lesquelles vous aviez resserré son autorité. Non, son caractère m'est garant, qu'il ne s'est point ressouvenu de ce qu'il avait perdu, qu'il n'a songé qu'à ce qui lui restait; et qu'à l'exemple du grand *Antiochus* qui remercia le Peuple Romain d'avoir diminué sa puissance, il s'applaudissait d'être soulagé d'un trop grand fardeau. Ne lui aviez-vous pas laissé, et à son fils, le glorieux titre de *Roi des Français?* Ce seul titre lui tenait lieu de tout; avec lui, il ne pouvait se plaindre d'aucune diminution dans sa dignité, et il n'avait à craindre ni les entreprises de ses ennemis, ni même les coups de la fortune ; car quelle est la puissance qui eut pû impunément insulter au *Roi des Français?*

Ainsi loin de vous en vouloir de l'avoir délivré de la plupart des sollicitudes et des anxiétés inséparables d'une immense administration, il se rappellait avec reconnaissance le matin et le soir, qu'il vous devait le calme de son ame, les douceurs de la vie privée, et l'espoir d'une vieillesse heureuse et tranquille.

Mais si, à la vue du père, votre colère n'était pas encore éteinte, pourrait-elle se soutenir à celle du fils ? Si le nom de roi a toujours été saint parmi les Français, celui d'un roi malheureux leur a toujours été sacré. Vous avez aboli la royauté, mais vous n'avez pas renoncé à l'humanité : il serait trop cruel de punir un homme et toute sa postérité, d'un titre que vous avez supprimé. Donnez-vous la forme de gouvernement, qui soit la plus convenable à vos intérêts actuels, mais laissez l'honneur à ceux que vos intérêts passés avaient associés à votre fortune. Abolissez, avec la royauté, la mémoire de tout ce qui a servi de cause ou de prétexte à son extinction : voilà le jugement que l'équité naturelle exige de vous.

Après ce premier acte de magnanimité, il vous restera une seconde tâche, non moins glorieuse à remplir : c'est d'inviter *Louis XVI* à prononcer lui-même sur son sort ; c'est alors, mais alors seulement, que vous serez dignes de jouir de votre conquête ; et votre ancien roi sera fier, ou d'être votre concitoyen, ou de vous donner, avec son estime, des regrets dans une terre étrangère.

Mais aussi vous vous ressouviendrez alors, qu'une puissance nouvelle abroge souvent ce que l'équité elle-même avait établi ; et que le Peuple Romain a quelques fois aboli, par pure haine personnelle, des institutions dont la perte a peu-à-peu entraîné celle de la république.